U0051249

這本書的小主人 ＿＿＿＿＿＿＿＿

小小色彩藝術家 ①
生活調色盤

AI科學玩創意

編者的話

　　Meta 公司與 Facebook 創辦人馬克・祖克柏（Mark Zuckerberg）曾說：「AI 即將在許多不同領域創造出無窮的可能性。」在這個科技日新月異的時代，要培養孩子適應快速變動的環境，成為不斷自我充實的學習者，最新的教育素養──STEAM 教育（科學、技術、工程、藝術、數學）應運而生。

　　STEAM 教育除了鼓勵跨領域學習外，更重視引導孩子建立邏輯思維，鍛鍊出運用所學、所知於日常生活的能力。而在這個時代，資訊科技便是孩子觀察世界、思索疑問的好工具。因此，本系列產品從生活化的故事場景展開，旨在陪伴孩子探索身旁的多元資訊，進而學習透過自身的觀察，對目標提出合理假設，最終運用電腦編程來驗證假設、實踐目標。

　　在〈奶奶家遊記〉故事中，場景從 AI 市來到了充滿自然之美的鄉下。正如同人類科技始於對自然的觀察，兄妹倆在拜訪親人的同時，也得到了探索新環境的機會，進而從自然界的色彩開始，踏上科學與藝術的求知之旅。引導孩子以欣賞、好奇的眼光，自發地從生活環境中尋找創意與可能性，即是我們編撰的目標。

　　【AI 科學玩創意】運用可愛、有趣的元素，展現深入淺出的生活科學原理；以嚴謹但不嚴肅的基調，引導孩子在日常生活中建構條理分明的電腦邏輯思維，讓小讀者們在舒適的閱讀過程中汲取新知、親手編程，厚植邁向 AI 新時代的關鍵「資訊力」。

特色

故事為中心，讓知識融入生活

以小波一家人的登場為開頭，藉由孩子天真發
問的口吻，點出生活現象背後隱含的知識與原理，
在引導小讀者進行邏輯思考的同時，更能和自身生活環
境結合，增加自主學習的熱情，培養見微知著的觀察力。

循序漸進的說明方式，包羅萬象的內容呈現

書中透過小波和莉莉對生活環境的觀察，進一步延伸到科技上的應用、
思考，讓小讀者能從熟悉的生活經驗出發，在閱讀過程中一步步拓展、
發掘未知的學習領域，探究知識與科技的美好。

跨領域多元學習，培養多重能力

本產品以國際風行的「**STEAM**」教育為核心，內容結合自然科學、資
訊科學、數學、藝術、語言、文化、道德等多元素養，幫助孩子建立
跨領域思維，訓練邏輯思考、閱讀及理解能力。

目錄

人物介紹

爸爸
學校教師，年齡約 40 歲左右，個性溫文爾雅、有耐心。

媽媽
學校教師，年齡約 40 歲左右，個性細心、平易近人。

奶奶
70 歲，很有智慧的長者，住在鄉下。

爺爺
70 歲，和藹可親的長者，住在鄉下。

莉莉
4 歲的小女孩，活潑可愛。

小波
7 歲的小男孩，喜歡科學、充滿好奇心。

派奇
很聰明的機器人，可以和人類對話。

學校放春假了，小波一家到鄉下拜訪爺爺和奶奶。車子遠離熱鬧的 AI 市，風景逐漸開闊起來。當湛藍的天空和充滿綠意的田野映入眼簾，他們來到一棟典雅的房子前。

「小波！莉莉！」爺爺和奶奶站在門口揮手迎接大家：「好久不見！」

「爺爺！奶奶！」車子才剛停好，小波和莉莉就拉著派奇下車。兩人興奮地搶著說話：「我們把派奇也帶來囉！」

「你們好，我叫派奇！」派奇揮手打招呼，讓兩位長輩感到十分新奇。

「很高興認識你，派奇！」爺爺握了握派奇的手。

奶奶也笑著說：「大家快進屋休息，等等還要去踏青呢！」

稍作休息後，爺爺準備帶大家去湖畔欣賞美景。這時突然下起傾盆大雨，大夥兒期待的「踏青之旅」因此泡湯，怕濕的派奇更是嚇得躲在房間裡，緊抱著除濕機寸步不離。

爺爺說：「別擔心，這場雨不會下太久，我帶你們去等待美景出現！」

如同爺爺所說，就在祖孫三人穿過屋子，來到後門外的走廊時，天空放晴了，還出現一道漂亮的彩虹。

莉莉開心地喊著：「爺爺快看！彩虹有七種顏色，好美啊！」

「紅、黃、綠、藍、紫……哪有七種！」小波說：「我只看到五種啊！」

「還有橙色和靛色呀！」莉莉說：「我們老師說彩虹有七種顏色！」

小波不以為然地說：「我看起來就只有五種啊！爺爺，我們誰說得才對呢？」

爺爺意味深長地笑了笑，反問道：「你們覺得為什麼我們能看見彩虹、天空、山脈，還有各式各樣的東西呢？」

莉莉搶著說：「因為我們有眼睛！」

小波則說：「如果天很黑就看不到啦！我覺得是因為有亮光。」

「你們的答案都很棒！」爺爺說，「我們之所以能看見物體的形狀和色彩，是因為光線進入眼睛，引起視覺反應的緣故。」

眼中的藝術 — 光與色

光是什麼？

　　我們常說的光線，是一種可以在真空中傳遞能量的「電磁波」。

　　波的性質包含了波長和頻率，當波長能夠引起眼睛的反應，讓我們覺得「亮」的時候，就稱為「光」。更準確地說，是「可見光」，也就是「看得見的光」。

色彩尖兵：視錐細胞

　　人類眼睛的視網膜上，有兩種用來感知光線的視覺細胞：擅長感受微弱光線、分辨明暗的「視桿細胞」，以及用來感受強光、分辨顏色的「視錐細胞」。

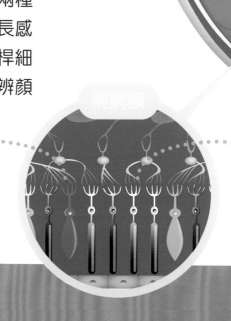

視網膜

視錐細胞
Cone cell

視桿細胞
Rod cell

視錐細胞的作用範圍有限制，因此我們只能看見波長大約在 **380 ～ 760** 奈米（**nm**）之間的電磁波，也就是「可見光」。依照波長的不同，多半被分成紅、橙、黃、綠、藍、靛、紫這七種顏色，稱為「可見光譜」。

在這個範圍以外的，就稱為「不可見光」，像是廣播用的無線電波、身體檢查用的 **X** 光、微波爐、紅外線額溫槍、紫外線消毒燈等。

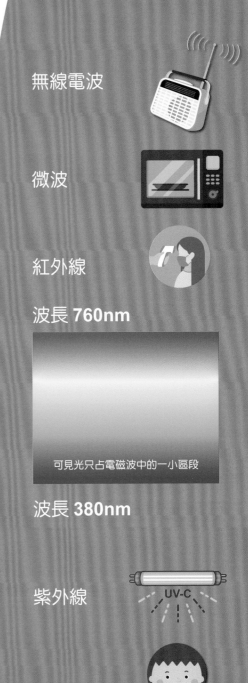

無線電波

微波

紅外線

波長 760nm

可見光

可見光只占電磁波中的一小區段

波長 380nm

紫外線 UV-C

X 光

「現在我知道為什麼我們能夠看見東西了！」小波說：「不過，爺爺，這和彩虹的顏色有什麼關係呢？你還沒說我和莉莉誰對誰錯呢！」

　　爺爺說：「先別急，小波。雖然地面很潮濕，不適合踏青了，但難得你們來一趟，還是趁現在雨停了出門走走。附近的公園裡有一座漂亮的涼亭，還有溜滑梯、搖搖鴨可以玩，我們去那邊乘涼、吃點心吧！剩下的就邊走邊說。」

　　「太棒了！」莉莉說，「公園野餐！我們趕快準備出門吧！」

　　來到廚房，爺爺負責製作大家要吃的果醬麵包，小波和莉莉則開始往水壺裡裝水。

　　小波拿出自己的藍色透明水壺，又來回看莉莉的黃色水壺和爺爺的黑色水壺，不禁疑惑起來；一旁的莉莉則是盯著水壺裡的吸管，瞪大了眼睛。

　　爺爺看著兩個在水壺前搖頭晃腦的小孫子，微笑著說：「你們怎麼啦？」

　　「為什麼裝水之後，吸管就斷掉了？」莉莉舉起水壺，率先提問。

　　小波則說：「爺爺，剛剛說有光線進入眼睛，我們才能看到東西。那為什麼同樣的白色燈光，照在不同的水壺上面，會產生不同的顏色呢？」

　　「你們都觀察得很仔細喔！」爺爺稱讚兄妹倆，「這兩個現象都和光線的『行走方式』有關。不如，我們先出門，一邊想想看光線和我們的走路方式有什麼共通點吧！」

祖孫三人往公園的方向走去，正好看見前方路面上有個坑洞，還有一個寫著「施工中，請改道」的牌子。他們繞過坑洞，從路的另一側繼續往前走。

　　爺爺說：「如果這個洞很大，我們沒辦法繞過去時，該怎麼做呢？」

　　莉莉說：「當然是往回走囉！」

　　「沒錯。光也是一樣，遇到無法穿透的東西，就會折返，稱為光的『反射』。」爺爺點點頭，「那你們再想想看，去年夏天我們一起到湖邊玩水時，是在水裡走比較快，還是在陸地上呢？」

　　「陸地比較快！」小波說：「在水裡我都跑不動了！」

爺爺說：「光也是在水裡比較慢喔！像空氣或水這種光線可以通過的物質，稱為『介質』。光在不同介質中，前進的速度不一樣。而且，光在穿過不同介質時，前進方向會改變，這個現象稱為『折射』。莉莉水壺裡的吸管看起來像折斷了，就是因為光線折射的緣故。」

「爺爺，我越來越不懂了！」小波皺著眉頭問：「我問的是水壺的顏色，這和光的反射或折射有什麼關係呢？」

「水壺不會發光，但我們還是能看到水壺，是因為有光線照射到水壺後，反射到眼睛裡，」爺爺說：「而這個反射光的顏色，就是水壺的顏色喔！」

科學放大鏡 光的折射與反射

什麼是「折射」？

　　光是直線前進的，但當光從一種介質，進入另一種不同的介質時（例如：從空氣進到水中），因為光的前進速率發生變化，會讓我們看起來好像產生了偏折，這就稱為「折射」。

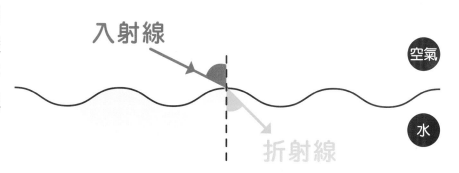

入射線

空氣

水

折射線

　　想一想，在日常生活中，有哪些光的折射現象呢？

　　舉例來說，把吸管插進水杯裡，吸管看起來就像折斷了一樣。或是我們透過遠視眼鏡、近視眼鏡看一看，是不是感覺東西變大或變小了呢？這些都是光的折射現象。

什麼是「反射」？

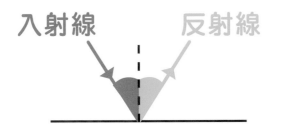

入射線　　　反射線

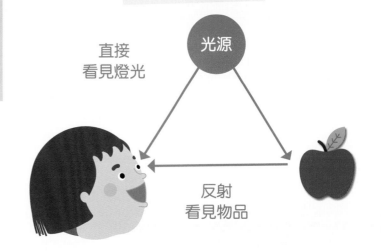

直接
看見燈光

光源

反射
看見物品

當光遇到無法穿透的物質，或是在兩種介質的交界處（例如：空氣和水的交界，就是水面），就會產生反射。

我們的眼睛之所以能看到各種事物，就是因為有光線照射到物體，再反射到眼睛中的緣故。

如果光遇到光滑的表面，像鏡子、乾淨的玻璃窗，反射的方向就會一致，可以清楚地映照出物體的樣子。但如果遇到不光滑的表面，像是水泥牆、毛線衣，反射的光線就會往各種不同方向前進，形成「漫射」，就沒辦法映照出其他物體的樣子。

光滑表面的反射

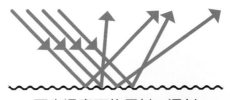

不光滑表面的反射：漫射

科學放大鏡 白色的光與七彩世界

因為光的反射，我們可以看見身邊五顏六色的物品，但是，為什麼在一樣的光線照射下，物品卻會反射出不一樣的顏色呢？

原來，物品除了會反射光線之外，也會「吸收」光線喔！

我們知道，光看起來是白色，但其實自然光不同頻段就是不同顏色，理論上是由無限多種色光組成的。每個物體被光照射時，會依照表面特性的不同，吸收、反射不同的顏色。

例如，紅色的蘋果，就是只反射了紅色光，剩下的光都被吸收，所以我們才看到「紅色」。如果今天我們看到一個綠色的蘋果，那就表示，除了綠色光被反射，其他光都被這個蘋果吸收囉！

只有紅光被反射

白光

只有綠光被反射

白光

在這個規則裡，比較特殊的物體顏色是「白色」與「黑色」。像是白色的雞蛋，幾乎反射了所有色光，所有色光結合起來，看起來就是白色。而黑色的物體，幾乎把所有色光都吸收，所以看起來才是黑色。

那麼透明物體的顏色，像是彩繪玻璃窗、塑膠袋，又是怎麼形成的呢？

像這種光線可以「穿過」的透明物體，一樣會吸收某些顏色的光線，只讓某些顏色的光線通過。而可以通過的光線，就會變成它的顏色。例如：一個透明的藍色塑膠杯子，只讓藍光通過，其他全部吸收。而完全透明、沒有顏色的塑膠杯子，就是所有顏色的光線都可以通過。

爺爺接著說：「而且，彩虹的顏色也和折射、反射有關！」

「太好了！終於要講到彩虹的顏色了！」小波說。

這時，莉莉突然眼前一亮，說：「公園到了！這裡好大喔！」

「啊！爺爺，你看公園圍牆上的馬賽克彩虹，只用了紅、黃、藍三種顏色耶！」小波也喊了起來，「彩虹的顏色到底有幾種呢？」

爺爺說：「彩虹的顏色就是可見光譜，通常我們都習慣像莉莉的老師所說，分成七種顏色，這是始於『牛頓』的分類方式。但可見光譜其實是一段從紅色到紫色的連續變化，因此，想要分成更多或更少種顏色，也是可以的喔！」

　　「牛頓是誰呀？」莉莉說，「為什麼大家都按照他的方式數彩虹的顏色呢？」

　　爺爺笑著說：「牛頓是一位 17 世紀的偉大科學家，他發表了很多重要的科學理論，其中就包含了彩虹顏色的祕密喔！」

科學放大鏡

彩虹 是怎麼形成的？

雨後的空氣中充滿許多小水珠，當陽光穿過小水珠後，其中不同波長、頻率的彩色光，會產生不同的折射角度，因此便從一束白色光，變成好幾道色光構成的彩虹。這個原理稱為光的「色散現象」（**Dispersion**）。

第一次折射

陽光（白色光）

彩虹色光（色散）

牛頓 與七色彩虹

艾薩克・牛頓爵士（**Sir Isaac Newton**）是一位英國科學家，提出包含萬有引力、三大運動定律等影響後世深遠的科學理論，被稱為「現代科學之父」。

他透過三稜鏡折射陽光的實驗，發現光的色散現象，並將可見光譜分成紅、橙、黃、綠、藍、靛、紫七種顏色，開啟了後世對於「光譜」的研究。

小水滴

反射

第二次折射

不過，彩虹並不是實際存在天空中某個固定的位置，只是一種光學現象。想要看到彩虹，還和我們所在的位置有很大的關係。由於彩虹是陽光在小水滴裡經過 **2** 次折射和 **1** 次反射之後，剛好進入眼睛中才能看見。因此，光線必須從我們的後方、低角度照射，才比較容易看見彩虹。

了解彩虹的原理後，我們可以背對陽光灑水來製造彩虹，也能效法牛頓使用三稜鏡做實驗。

試著對準光線轉動三稜鏡，哪個角度能使彩虹最明顯呢？

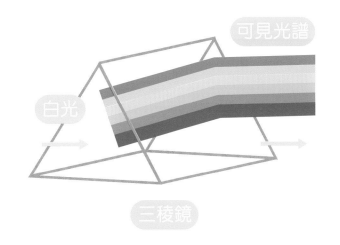

可見光譜

白光

三稜鏡

我好佩服牛頓喔！他竟然從光線實驗中發現了彩虹的祕密！我都看得頭昏眼花了！

哈哈！顏色的科學很深奧，但運用起來很有趣喔！我們先回家吃午餐吧！奶奶下午要教你們畫畫呢！

太棒了！我最喜歡畫畫了！

回到家後，奶奶提議：「小波、莉莉，吃完午餐後，我們去寫生好嗎？」

「當然好！」兄妹倆齊聲答道，並加入準備午餐的行列。

一家人享用了美味的午餐後，奶奶便拿出畫具，帶著小波和莉莉來到風景秀麗的外廊。看到琳瑯滿目的顏料，兄妹倆非常興奮。

莉莉眼疾手快地抓起一管顏料：「這個紫色好漂亮喔！我想用這個畫！」

「那明明就是藍色！」小波皺起眉頭說。

奶奶說：「有時候，每個人對同一種顏色的感覺不同。就像每個人都有不同特質，我們也能從三個特質來認識不同的顏色喔！」

25

色彩的特性

每種顏色都有三個屬性，稱為「色彩三要素」，可以用來描述顏色的特質，也能幫助我們認識顏色給人的感受。

色彩三要素

色相（Hue）

指的是眼睛看到一種顏色後的感受，也就是顏色的相貌和名稱，像紅、黃、綠……就是不同的色相。

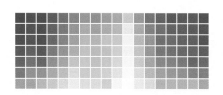

明度（Value）

色彩的明亮程度，也就是反射光線的多寡程度。不同的顏色有不同的明度，而同一個顏色，也可以加入白色來提高明度，或加入黑色降低明度。

彩度（Chroma）

又稱「飽和度」、「色度」，指色彩的純粹度、鮮豔度，也就是其中含有某種純色的濃度。一個顏色只要加入其他顏色，就會變混濁，使彩度降低。

色彩心理學

　　雖然顏色（**Color**）是眼睛接收到光線後產生的視覺感受，不過，我們對顏色的看法，可不只和光的科學有關，也會受到文化和心理感受的影響。而研究色彩如何影響人類行為和情緒的學問，就稱為「色彩心理學」（**Color psychology**）。

　　色彩心理學時常被應用在廣告、設計或行銷策略上，讓人們第一眼看到某個圖案或物品時，產生特定的感受。

紅色 Red　紅色給人熱情、充滿力量的感受，讓人情緒激動、興奮緊張。

藍色 Blue　藍色有冷靜、安定和專業的意象，但也給人憂鬱的感受。

黃色 Yellow　黃色十分明亮，讓人聯想到太陽、希望，給人溫暖、有朝氣的感受。

黑色 Black　黑色令人想到夜晚，有莊重、正式和高貴的感覺，同時也象徵恐懼與未知。

綠色 Green　綠色是大自然的代表色，象徵生命、新鮮和安全，常見於環保有關的事物。

白色 White　白色是明度最高的顏色，給人簡單、乾淨、嶄新的感覺，也有和平、善良、神聖的意象。

「原來不同的顏色也能影響人的感覺！」莉莉說，「就像我喜歡黃色，因為黃色很亮，讓我覺得很有精神！」

　　奶奶說：「那你可以用黃色來畫畫呀！我們兩個可以一起畫門口的花叢！」

　　莉莉聽了，開心地說：「好！那我要用很多不同的黃色來畫！」

　　「這裡好多山喔！我想要畫山！」小波邊說，邊在顏料堆裡翻找著。不久，他懊惱地說：「奶奶！這些顏料裡面都沒有綠色，這樣我沒辦法畫山啦！」

　　「唉呀！我上次用完了，一直忘記去買！」奶奶隨手拿起青色和黃色的顏料交給小波：「小波，你先用這兩個顏色調成綠色吧！我明天就去買新顏料。」

小波在調色盤上混合兩種顏料，成功調出了綠色。他忍不住讚嘆起來：「奶奶，你真是調色大師！你怎麼知道這兩個顏色相加會變成綠色呢？」

　　「謝謝你的讚美，小波！」奶奶微笑著說，「只要了解色彩變化的規則，你就能隨心所欲地調出自己喜歡的顏色，變成像伊登一樣的調色大師！」

　　小波問：「伊登是誰呀？調色的規則又是什麼呢？」

　　奶奶回答：「顏色變化就像數學加減法，不過，要看你是用『顏料』來調色，還是用『光』來調色，才知道用加法還是減法。」

　　「要怎麼用光來調色呢？」莉莉驚訝地問。

　　奶奶說：「我們先來認識伊登，看看他怎麼調色吧！」

向大師學調色 伊登 12 色相環

顏色要怎麼調，當然可以隨著自己的心情、喜好，不過，瑞士的色彩大師——伊登（**Johannes Itten**），可是很認真地提出了關於顏色的理論喔！

他將每種顏料混合成新顏色的規則，整理成了一張「色相圖」，對後來色彩學的發展影響十分深遠。由於這張圖有 **12** 種不同的顏色，也就是包含了 **12** 種「色相」，因此被稱為「伊登 12 色相環」（**Farbkreis**）。

伊登 12 色相環怎麼看？

❶ 內部三角形

在色環的最中心，有一個由紅、黃、藍三種顏色形成的三角形。伊登將這三種顏色當成開始調其他顏色的基本色，稱為「第一次色」或「原色」（**Primary colors**）。

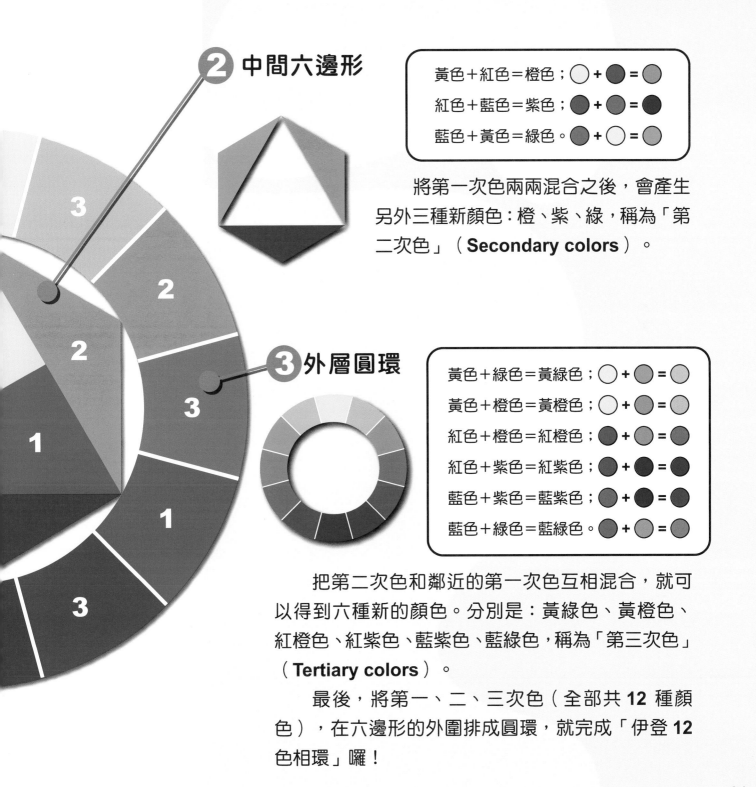

➋ 中間六邊形

黃色＋紅色＝橙色； ◯ + ● = ◯
紅色＋藍色＝紫色； ● + ● = ●
藍色＋黃色＝綠色。 ● + ◯ = ◯

　　將第一次色兩兩混合之後，會產生另外三種新顏色：橙、紫、綠，稱為「第二次色」（**Secondary colors**）。

➌ 外層圓環

黃色＋綠色＝黃綠色； ◯ + ◯ = ◯
黃色＋橙色＝黃橙色； ◯ + ◯ = ◯
紅色＋橙色＝紅橙色； ● + ◯ = ●
紅色＋紫色＝紅紫色； ● + ● = ●
藍色＋紫色＝藍紫色； ◯ + ● = ●
藍色＋綠色＝藍綠色。 ◯ + ◯ = ◯

　　把第二次色和鄰近的第一次色互相混合，就可以得到六種新的顏色。分別是：黃綠色、黃橙色、紅橙色、紅紫色、藍紫色、藍綠色，稱為「第三次色」（**Tertiary colors**）。

　　最後，將第一、二、三次色（全部共 12 種顏色），在六邊形的外圍排成圓環，就完成「伊登 12 色相環」囉！

顏色加減法

我們所處的世界中,有許許多多不同的顏色。

其中有一些顏色,沒有辦法透過別的顏色混合出來,稱為「原色」,也是顏色中的「基本色」。依照混合方式,以及使用場合的不同,我們可以將原色分成兩種,分別是「色光三原色」以及「色料三原色」。

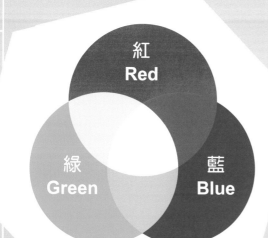

加色法

色光三原色 RGB

如果我們混合不同顏色的光線,來製造出各式各樣的顏色,這種方法就稱為「加色法」。由於不同顏色的光,在混合過程中會越加越亮,因此最終會混合出白色光。

加色法中最基本的「紅光」(R)、「綠光」(G)、「藍光」(B),就被稱為「色光三原色」。

使用加色法來混合顏色,需要能發出色光的儀器,因此色光三原色主要使用在電視、電腦、手機螢幕、投影機等顯示器或影像設備上。

洋紅
Magenta

黑
Black

黃
Yellow

青
Cyan

減色法

色料三原色 CMY

日常生活中，通常不是用色光，而是用顏料來調顏色。

某種顏色的顏料，只會反射出該顏色的光，吸收其他色光。所以，在我們混合顏料時，隨著顏色越加越多，反射出來的光越變越少，最後變得接近黑色，這種調色方法便稱為「減色法」。

減色法中最基本的「青色」（**C**）、「洋紅色」（**M**）、「黃色」（**Y**），就被稱為「色料三原色」。

不夠黑怎麼辦 ？

減色法在生活中很常見，像是油漆、衣服染料、顏料或印刷墨水……都是使用色料三原色 C、M、Y 來調色。但是顏料中有雜質，並不是真正的「純色」，所以這三個顏色混合起來後，只會得到一個很深的顏色，並不是真正的黑色。

因此在印刷書籍、報紙，或使用顏料的時候，通常會再加上「黑色」（**Black**），才能順利調出需要的色彩來喔！

學會調色技巧後，大家開始用自己喜歡的方式作畫。

莉莉先用細線勾勒出花朵的輪廓，再用金黃色為花瓣填上顏色；同樣以花叢為主題的奶奶，則一筆一筆地點出波斯菊盛開的樣貌。

小波突發奇想，用手指沾取深淺不一的綠色顏料，手指印在畫布上，蓋出一座又一座蒼翠的遠山。

祖孫三人沉浸在七彩藝術世界中，玩得不亦樂乎。就在他們開始收拾畫具時，天色已經漸漸暗了下來，屋裡傳來爺爺呼喚大家吃晚餐的聲音。

「畫畫跟調顏色好有趣喔！」小波說，「不過，我們用顏料調顏色，只有用到『減色法』，什麼時候能試試看『加色法』呢？」

　　奶奶想了想，說：「我們馬上就能看到運用加色法原理，做出色彩變化的東西囉！」

　　「是什麼？」小波興奮地說。

　　「就是電視機呀！」奶奶笑著說，「不過，我們還是先去吃晚餐吧！」

晚餐後，大家到客廳看電視、聊天。在房間裡躲了一整天的派奇，終於放開除濕機，加入大家的行列。

　　小波看著電視螢幕上五彩繽紛的畫面，突然想起奶奶說的話，便問：「奶奶，電視機是怎麼用『加色法』調色的呢？」

　　「打開電視之前，螢幕是黑色的，而電視節目的畫面卻是彩色的，這是因為電視機裡面有可以發出三原色光的裝置，調整光線比例後，電視就能呈現各種顏色囉！」奶奶答道，「我們常用的電腦和手機，也是一樣喔！」

小波若有所思地點點頭。這時，他注意到櫃子上有一臺厚重的機器，上面有個圓凸凸的螢幕。「那是什麼機器呀？」小波問。

　　爺爺說：「是以前的老電視喔！現在已經壞掉不能用了。」

　　莉莉問：「為什麼以前的電視這麼厚呢？」

　　「這就讓我來說明吧！」派奇自告奮勇地說，並順手拿起桌上的電子時鐘，「你們知道電視螢幕、公車跑馬燈和這個時鐘，有什麼共同點嗎？」

　　「我知道！」莉莉說，「上面都有字會跑出來！」

　　派奇說：「沒錯，他們都算是『顯示器』喔！」

什麼是顯示器？

顯示器（**Display device** 或 **Monitor**）是一種輸出設備，可以把電子訊號轉換成畫面。

顯示器有很多種類，像是電視、電腦、手機的螢幕，公共場域的人行道小綠人、公車跑馬燈、大樓電視牆或 **LED** 裝飾外牆，甚至是電子時鐘、電子錶上的數字，都是我們生活中常見的顯示器。

電視螢幕與顯示技術的演進

生活中最常見的顯示器之一，就是電視螢幕。不過，為什麼奶奶家的舊電視和新電視有這麼大的區別呢？一起來看看電視和顯示技術是如何演進到今天的樣子吧！

早期的電視機，多半都是運用映像管（**CRT**）顯示技術的「映像管電視機」。螢幕內側有螢光塗層，映像管中的電子槍會射出電子束，與螢光塗層產生反應，就能在螢幕外看到畫面的變化。映像管電視機的體積龐大，就是因為裡面裝著映像管的緣故。

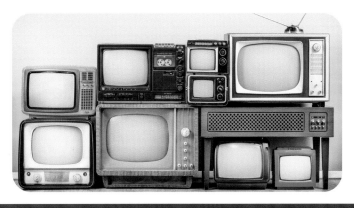

映像管顯示器

螢幕玻璃
螢光塗層
電子束
電子槍

1930
年代

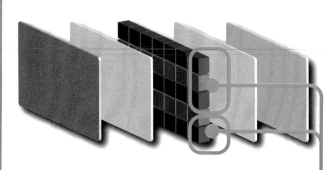

一個像素（Pixel）裡就包含了 3 種不同顏色的小格子

裝有氣體的小格子

電漿（Plasma）是一種物質狀態，可以視為帶有能量、離子化的氣體。電漿電視內有一個格狀夾層，含有惰性氣體和螢光塗料。通電後，格子中的氣體轉為電漿狀態，會釋放紫外線並與塗料產生反應，變化出我們看見的各種顏色。電漿電視的結構扁平，比映像管電視更輕薄、更大，價格隨著技術進步而降低後，逐漸普及到社會上，開啟平面電視的風潮。

電漿顯示器

原來厚厚的舊電視是映像管電視呀！那這個又大又平的新電視呢？

1990
年代

液晶（**Liquid Crystal，LC**）也是一種物質狀態，會因為電流改變分子的排列方向，影響光線通過。因此，液晶電視內部有稱為「背光」的光源，當液晶通電後，會改變排列方式，就能控制背光穿過濾色片，形成畫面上不同位置的色彩。最初，液晶電視的普及速度比電漿電視還要落後。但隨著技術改善，便宜實惠的液晶電視已經成為現今主流。

液晶顯示器

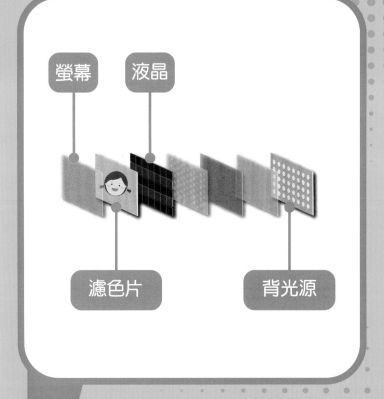

螢幕　液晶

濾色片　背光源

小朋友，你知道家裡電視機是哪一種顯示器嗎？如果不清楚的話，可以問問家人喔！

2000
年代中期

目前市面上的電視機以液晶螢幕為主流，並在它的基礎上持續不斷地進行改良。例如：將螢幕的背光源換成更加環保、高效能的 **LED** 燈，或是利用「有機發光二極體」（**Organic Light-Emitting Diode，OLED**）來製作電視螢幕。由於 **OLED** 顯示器不需要背光源，而是直接使用 **OLED** 來發出三原色光，構成彩色畫面，因此螢幕可以做得更輕薄，用於製作曲面電視或可摺疊式智慧型手機等等。

發展中的顯示器

現在

未來

我們現在看到的可摺疊式智慧型手機，原來是透過這種原理做成的呀！

電視越來越輕薄、螢幕越來越大，畫質也更清晰！小朋友，你覺得 20 年後，會流行什麼樣的電視？

「哈——」聽完顯示器的歷史，小波打起了呵欠，說：
「要是能親眼看看顯示器裡的色光是怎麼調色的就好了！」

奶奶提議道：「鎮上的博物館，最近有關於色彩和
燈光的展覽喔！」她從桌上拿起一張宣傳單，說：「明
天可以請爺爺帶你們去看看『幻彩燈光特展』，說不
定有機會見識用色光調色的方式！」

媽媽說：「好主意，我們好久沒去博物館了呢！
明天就由我開車載大家一起去吧！」

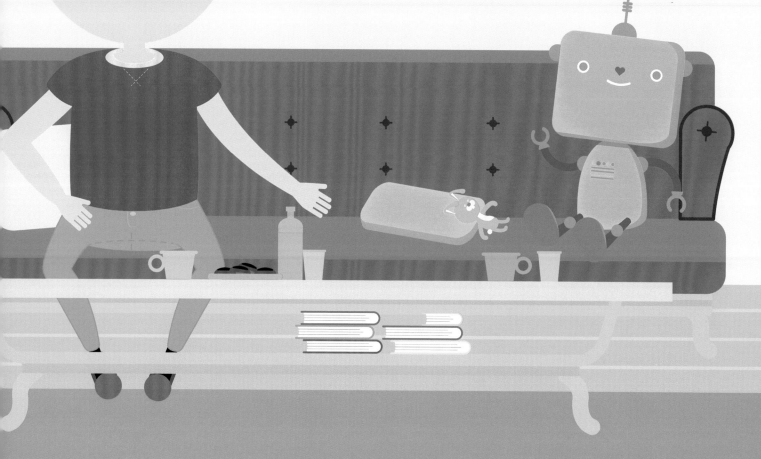

爸爸說：「我和奶奶在家準備烤肉大餐！等你們看完展覽回來，邊吃烤肉，邊聽你們分享展覽的內容！」

「哇！太棒了！我好期待喔！」小波說，「派奇也一起去吧！」

「謝謝你的邀請，小波。」派奇說，「我剛剛檢查了那臺舊電視，明天想試著修理看看，也許還能修好！」

「好吧！」莉莉說，「那我們回來再告訴你展覽的事！」

媽媽說：「小波、莉莉，時間不早了，該上床睡覺囉！」

「大家晚安！」兄妹倆同聲道，帶著期待的心情回到房間休息，準備迎接精彩的明天。

推薦文

王彥翔 ｜ 桃園市立壽山高中美術教師

西方俚語中用「**With flying colours**」來表示某人表現很出色，取得極佳成績；而東方也有歇後語：「給你三分顏色，你就開起染坊啦！」來表示某人得意忘形的樣子。可見色彩真的是很重要的一個生活元素。

每天的日常生活中，有海量的訊息不斷地刺激我們，而在收錄這些外在資訊量時，人類的感官中，視覺佔了 **80%**（註 1），透過眼睛所見的色彩，是最能引起人們注意和連結到感官的方式。不知道父母們有沒有過經驗，自幼就喜歡塗鴉的孩子，畫畫時突然對您問出難以回答的色彩問題呢？或許透過這本書，可以找到深入探究的可能性喔！

這本《小小色彩藝術家 1 ─生活調色盤》以家庭生活為舞台，用兒童視角帶領觀看者逐步發現，不論是小學、中高年級學生的自主閱讀，或是低年級與家長一同陪著親子閱讀，都能有很棒的 **STEAM** 閱讀體驗。

書中故事內容設定兼顧藝術、科學、科技等跨領域面向，從兒童對天空中彩虹的色彩觀察，切入物理光學及視覺的生理學；塗鴉時的混色技巧到色彩心理學與視知覺；看電視時的居家經驗到顯示工程學知識等，讓孩子不僅能夠開啟生活中的細節敏感度，更拓寬了跨領域的視野，及深入探究到知識層面。符合新課綱的自主學習精神。

註 1：日本學者佐口七郎提到學習觀點時說，我們可確知大部分的人是視覺導向的，我們所學的知識有 **80%** 是經由視覺。

林宣安 | 臺中市長億高中理化教師 / 教育部自然科中央團教師

一直以來，我就非常喜歡從生活出發的科普文章，畢竟對許多人來說，科學似乎是一個只存在於實驗室中，遙不可及的神聖殿堂，但真正的科學，是在我們身邊的一草一木，和所有會讓你發出讚嘆的現象，也許是大家在求學過程中，被一些數學公式和計算嚇到了，對科學總有距離感，但透過「AI 科學玩創意」系列叢書，會慢慢減輕你覺得科學好難的假象，享受科學帶給你的驚奇感受！

在《小小色彩藝術家1－生活調色盤》一書中，從每個人看到都會駐足欣賞的彩虹出發，慢慢從生理與物理的角度，說明我們會看見各種色彩的原因，再帶入一些科學史，讀起來行雲流水，毫無負擔，加上一些材料隨手可得的小實驗穿插，擄獲大小朋友的心！

除了科學，本書也融入了「藝術人文」與「科技發展」的 STEAM 概念，從光學進入到色彩，更容易理解調色的原理，也講解大家每天都在看的顯示器，是如何將電子訊號轉換成畫面。難怪歷史上許多有名的藝術家，在科學或工程上的成就也都令人驚奇。

生活就是這樣沒有分領域的學習，學科的分類往往限制了許多人的學習欲望，如同高中過程中的自然組或社會組，似乎一開始就限制了自己，只讀某些科目。但回到現實世界，許多事往往不是單一個學科可以解決，而是需要跨領域的統整與思考，才能看到事情的全貌，透過這本書，也許會讓大家重拾學習的樂趣喔！

AI 科學玩創意
小小色彩藝術家 1——生活調色盤

AI 科學系列：AISA0007

作　　者：王一雅、顏嘉成
繪　　者：張芸荃
責任編輯：陳照宇
美術設計：張芸荃
策　　劃：目川文化編輯小組
科技顧問：趙宏仁
程式審稿：吳奇峯
教學顧問：翁慧琦
出版發行：目川文化數位股份有限公司
總 經 理：陳世芳
總 編 輯：林筱恬
美術指導：巫武茂
發行業務：劉曉珍
法律顧問：元大法律事務所　黃俊雄律師
地　　址：桃園市中壢區文發路 365 號 13 樓
電　　話：(03) 287-1448
傳　　真：(03) 287-0486
電子信箱：service@kidsworld123.com
網路商店：www.kidsworld123.com
粉絲專頁：FB「目川文化」
電子教具：泓鉅科技股份有限公司
印刷製版：長榮彩色印刷有限公司
總 經 銷：聯合發行股份有限公司
電　　話：(02) 2917-8022
出版日期：2022 年 10 月
I S B N：9786269546091
書　　號：AISA0007
售　　價：480 元

小小色彩藝術家：生活調色盤 / 王一雅，顏嘉成作 . -- 桃園市
：目川文化數位股份有限公司, 2022.10
48 面；22x23 公分 . -- (AI 科學玩創意)(AI 科學系列；
AISA0007)
ISBN 978-626-95460-9-1(平裝)
1.CST: 電腦教育　2.CST: 顯示器　3.CST: 光學　4.CST: 初等
教育
523.38　　　　　　　　　　　　　　　　　111004356

Copyright ©2022 by Aquaview Publishing. ALL RIGHTS RESERVED. 版權所有，翻印必究。 ※ 如有缺頁、破損或裝訂錯誤，請寄回更換。